AF489908

# Cuba: el Cabildo Congo de Nueva Paz

## Ensayo

Editorial Primigenios

# Cuba: el Cabildo Congo de Nueva Paz

## Juan Francisco González-Díaz

Editorial Primigenios

Primera edición, Miami, 2022



Edita: Editorial Primigenios
Miami, Florida.
Correo electrónico: editorialprimigenios@yahoo.com
Sitio web: https://editorialprimigenios.org

Edición y maquetación: Eduardo René Casanova Ealo

# Nganga en el tiempo: acto de memoria y vida

El pasado no existe como realidad sino como memoria, como reelaboración social que los continuos presentes modifican. El pasado es, digamos, un acto colectivo de ficción atado a las necesidades del presente, una elaboración razonada que nos permite comprender quiénes somos o, mejor, quiénes pretendemos ser en tanto grupo social. Es en este punto donde investigaciones como la realizada por Juan Francisco González-Díaz en *El Cabildo Congo de Nueva Paz* abren una ventana para entendernos mejor y, ¿por qué no?, para soñar el destino con alguna esperanza de acierto.

Puesto a definir su objeto de estudio, el autor afirma: "La Asociación Africana Virgen de Regla, o Cabildo Congo de Nueva Paz, era la fachada pública para que los congos, y sus descendientes, pudieran mantener viva la religión y las costumbres. Ayudándose mutuamente a enfrentar, de manera ladina y de soslayo, una sociedad clasista que los discriminaba". Si es así, si estamos ante una *ladina* acción de resistencia, tenemos entonces la obligación de leer ladinamente este libro, atendiendo no tanto a lo obvio y explícito, como a lo sugerido y probablemente oculto para escapar de la censura y la "discriminación", las de ayer y las que vinieron después.

Pero, como suele decir mi hijo de cuatro años, primero lo primero. Nueva Paz es un poblado aparecido a principios del siglo XIX en territorios de la actual provincia de Mayabeque, solo que las divisiones territoriales responden la mayor parte de las ocasiones a necesidades políticas y administrativas, no siempre agrupan los territorios tomando en cuenta su fisonomía cultural. Por su ubicación, entramado social y cultura, Nueva Paz pertenece de forma orgánica al mapa de la región matancera, una de las zonas más importantes para la cultura popular cubana y, sobre todo, para nuestras religiones sincréticas de origen africano. Sin ese diálogo con la región sur de Matanzas, que los testimonios de esta investigación hacen muy visible, sería bien difícil entender la estructura y funcionamiento del Cabildo Congo de Nueva Paz.

Resulta también esencial tomar en cuenta el momento en que fueron realizadas las entrevistas para este libro y la naturaleza de los informantes que aportan el núcleo duro de la información. En tanto los congos originales que formaron la sociedad de ayuda mutua en 1890 y sostuvieron su funcionamiento por más de veinte años habían muerto hacia 1929, los testimoniantes de esta historia reconstruida son sus descendientes y otras personas que, siendo niños o muy jóvenes, desarrollaron su vida cerca del cabildo y/o escucharon las historias en boca de sus mayores. Es decir, no son protagonistas directos de los sucesos que rememoran ni tuvieron acceso a las interioridades de la sociedad de ayuda mutua. Por otra parte, ha de tomarse en cuenta que las entrevistas se produjeron durante los años ochenta del pasado siglo XX, cuando la intolerancia del Gobierno cubano hacia las creencias religiosas comenzaba a ceder muy lentamente, mientras la creciente presencia del turismo internacional en la Isla valorizaba como mercancía provechosa todo lo relativo a la cultura cubana de origen africano, y en particular a las religiones sincréticas.[1]

---

[1] Si, como dijimos al principio, el pasado es una construcción social que responde a las condiciones y necesidades del presente, entonces esos casi treinta años de discurso político e ideológico (1959-
1990) contra las religiones en Cuba pudo tener una influencia subrepticia, aunque decisiva, sobre los informantes, personas insertadas en una estructura socio-política

Una gran cantidad de artículos y libros sobre el asunto se dieron a conocer en la Isla durante esa década y las dos siguientes. Algunos buscaban entender las así llamadas culturas afrocubanas y sus aportes a la sociedad nacional; otros, aprovechar los beneficios financieros del *boom* turístico. El libro de Juan Francisco González-Díaz pertenece a los primeros.

Lo habitual hoy en la práctica de los sistemas mágico-religiosos cubanos de ascendencia africana es la coincidencia y la mezcla. Muchos practicantes, de forma muy coherente y sin contradicción alguna, suelen desempeñarse indistintamente como espiritistas, santeros y paleros, vías de intercambio con lo divino a las que en las últimas décadas se ha sumado (al menos en el Oriente del país) el vodú, en una variante cubana que hace mucho marcó caminos diferenciados con respecto al primigenio tronco haitiano, según demuestran estudios realizados por la Casa del Caribe, en Santiago de Cuba. El texto que aquí nos ocupa prueba que la coexistencia armónica y el acelerado cruce entre dos sistemas diferentes, como el Palo Monte y la Santería, comenzaron muy temprano tras el inicio de la esclavitud africana en la Isla, algo que se entiende porque, si bien distantes en sus formulaciones y procedimientos, ambos provenían de un tronco cultural emparentado y en Cuba se vieron urgidos a asumir bajo un enorme riesgo la defensa de la identidad y la vida de un grupo social en peligro de cosificación debido a la esclavitud, la marginalidad y el desprecio.

Para el caso que nos ocupa, lo antes dicho no es poco si se toma en cuenta la ascendencia conga de quienes formaban el cabildo de Nueva Paz y, sobre todo, el hecho de haber consolidado a fina-

---

marcada por la ortodoxia ideológica, donde todavía por aquellos años declararse religioso podía traer no pocos disgustos y cierres de destinos importantes.

les del siglo XIX y principios del XX una fuerte práctica de su religión natural, el Palo Monte. Lo demuestra que sus ceremonias tuvieran lugar en torno a una nganga o caldero, que hacía funciones de centro de fuerzas y medio para que el tata encaminara sus trabajos. En el caso de los paleros cubanos, no siempre la prenda mágica estuvo depositada en un caldero como lo conocemos hoy, la consolidación de este centro mágico se considera una etapa superior dentro del culto y, dicho sea en este momento, el escritor y antropólogo Joel James presentó sólidos argumentos para sustentar en su libro *Cuba, la gran nganga* que el uso del caldero llegó al Oriente cubano (territorio donde habitaban muchos esclavos bantúes y sus descendientes) desde la zona Matanzas-Habana, la misma donde se enclava Nueva Paz.

El acercamiento que se practica en este libro al Cabildo Congo de Nueva Paz muestra cómo en su interior la práctica del Palo Monte alternaba sin mayor conflicto con los rituales en lengua yoruba, los orishas de la Santería, sus símbolos y modos, aunque el hecho no resulta tan asombroso como la receptividad de la Iglesia Católica a la virgen de Regla que constituía (al menos en apariencia) la deidad tutelar del cabildo. El hecho de que a principios del siglo XX cubano la representación de una virgen negra usada de manera regular en cultos mágico-religiosos fuera recibida en la iglesia el 6 de septiembre, pernoctara allí, y que al día siguiente se le ofreciera una misa católica, es algo sorprendente para alguien como yo, nacido y criado en el llano Bayamo-Manzanillo, donde treinta o cuarenta años después de los sucesos que este libro testimonia la Iglesia Católica se mantenía cerrada a banda, no ya frente a estas manifestaciones religiosas por ellos consideradas diabólicas, sino incluso ante la masonería de la región, que tenía prohibida la entrada a los templos. Seguramente en este caso el contexto de la región Matanzas-La Habana y su peculiar conformación religiosa obligaban a una actitud más tolerante por parte de la jerarquía católica.[2]

No es el único detalle sorprendente en esta historia. Aunque en sus orígenes la sociedad solo estuvo formada por congos de nacimiento y la práctica palera había alcanzado entre ellos el desarrollo ya señalado, los testimoniantes documentan con todo detalle las acciones, deidades y trances en Regla de Ocha, pero apenas ofrecen datos acerca de las prácticas congas. ¿Por qué no hay al menos una alusión por parte de los entrevistados o en la documentación consultada sobre el culto a Insambi, el supremo dios palero que habita en todas las cosas? ¿Por qué no aparecen trazas del muerterismo congo, aun y cuando el trato con los muertos resulta esencial para los paleros? ¿Por qué los entrevistados pueden dar cumplido testimonio acerca del destino de la virgen una vez que cierra la sociedad y parecen no conocer adónde fue a parar la nganga?[3] Las respuestas pueden ser diver-

---

[2] En efecto, la población del llano Bayamo-Manzanillo, en el Oriente cubano, era mayoritariamente blanca y recibió durante los primeros treinta años del siglo XX una importante cantidad de migrantes provenientes de España, en lo fundamental gallegos e isleños. En esta zona, sistemas mágicos-religiosos como la Santería y el Palo Monte han ganado cierta popularidad solo en las últimas décadas, pues a lo largo del siglo XX fue un área de influencia dominada desde el punto de vista mágico-religioso por el espiritismo, y en particular por el espiritismo de cordón, cuyos practicantes por lo general negaban cualquier tipo de conexión entre su práctica y las manifestaciones similares de origen africano, mientras reclamaban una profunda condición cristiana.

[3] Para la cosmovisión palera, la nganga es un centro de fuerzas vivo y su efectividad mágica depende del equilibrio en su relación con el tata nganga. Una vez que este último muere, el caldero queda incompleto, inefectivo, y es posible someterlo a varias acciones, desde descontinuarlo, pasando por intentar adjudicarlo a otro tata, hasta sumarlo a una nganga ya existente, donde podría encontrar una nueva "vida". Pero todas esas acciones son ritualmente complejas, requieren trabajos muy arduos y no siempre es fácil predecir sus resultados. Tengo la intuición de que la muerte del tata nganga oficiante en el Cabildo Congo de Nueva Paz pudo ser decisivo en la desarticulación de la sociedad.

sas, aunque dudo que alguna sea concluyente. Muchos de los rituales congos son secretos y quizás esto provocó que los testimoniantes no tuvieran acceso a dichas prácticas o que los congos fundadores de la institución no revelaran detalles al respecto. Puede ser. Sin embargo, creo que hay otra razón.

Se me ocurre que el accionar vinculado a la Regla de Ocha, con sus deidades trasvasadas en los santos católicos, el colorido de sus atributos y lo escénico de sus trances fuera una imagen pública más aceptable frente a aquella sociedad clasista y prejuiciada que los rituales brujos, con su manipulación de los muertos y de fuerzas que lo mismo pueden ser convocadas para hacer "el bien" como para dañar. Sea así o no, esta suposición quiere servir de alerta al lector para que se adentre en los resultados de la presente investigación no como quien busca un simple abrevadero de información, sino como un texto que ha de ser leído con despierta perspicacia y abierto ánimo interpretativo. Ya lo había advertido al principio de este prólogo: no hablamos de la realidad, sino de una construcción atravesada por las condiciones y apetencias de los presentes sucesivos.

El ideario político caribeño ha sublimado con ahínco la imagen del cimarrón. Y se entiende que así sea porque es hermosa e inspiradora (además de útil y cómoda de adaptar a la modernidad) esa actitud altiva que se rebela contra la falta de libertad, el maltrato y la discriminación. Pero, a fin de cuentas, quienes sumaron el caudal de sus vidas y culturas a nuestras sociedades mestizas de hoy fueron aquellos miembros de las etnias subordinadas que en sucesivas generaciones y utilizando los más sutiles recursos modificaron pacientemente un medio adverso e injusto, transformando el espíritu de la cultura dominante y elitista a través de su poderosa envergadura cultural y su habilidad extrema para trabajar desde la sombra, mientras parecían acatar resignadamente su supuesta minusvalía. Y en tanto esos procesos mestizantes están repletos de disimulos, parodias, ocultamientos y giros burlescos, adquieren una complejidad extraordinaria, por lo que testimonios como el que nos ofrece Juan Francisco González-Díaz en *El Cabildo Congo de Nueva Paz* nos ponen ante datos de primera mano para entenderlos mejor, que es decir para entendernos mejor en lo que somos.

Nuestra lectura de este libro (de más está decirlo) es también un acto de presente mediante el cual sumamos a nuestras vidas la experiencia de aquellos hombres y mujeres, al tiempo que (como en el caso de la nganga) damos una nueva y fructífera vida a su existencia. La mesa está servida y solo espera por los ávidos lectores.

JOSÉ M. FERNÁNDEZ PEQUEÑO
*Miami, abril de 2021*

# Introducción

El objetivo de esta investigación es dar a conocer la existencia de un cabildo congo de nación en la cubana localidad de Nueva Paz. Mostrando su finalidad, características, costumbres, modo de vida, religión, cultura, e influencias, en este municipio al sudeste de la actual provincia de Mayabeque.

Los congos, conjuntamente con otras etnias africanas, habían llegado a Nueva Paz —pueblo fundado en 1802 en la feraz llanura roja occidental de la, entonces, "siempre fiel Isla de Cuba"—, para ser utilizados como fuerza esclava. Fundamentalmente en el corte de la caña de azúcar y las labores de los ingenios, además de trabajar en los cafetales y otras tareas productivas.

Me motivó a emprender la investigación las referencias que el maestro Fernando Ortiz hace de los pueblos de Nueva Paz y Los Palos en su libro *Los Negros Brujos*. Y la presencia de algunas leyendas locales sobre los congos y su religión, además de ciertas narraciones llegadas por vía oral.

Para arribar a la conclusión de que la *Sociedad Africana Virgen de Regla* —nombre oficial del cabildo—, desarrolló sus funciones de centro religioso y sociedad de socorros mutuos desde cerca del año 1890 y hasta finales de la década de 1920, recurrí al trabajo de terreno. En entrevistas individuales y colectivas a hijos, nietos y familiares de los congos, así como a otros neopacinos.

Todos muy vinculados a la organización desde niños, y devenidos más tarde en tocadores, cantantes, y/o bailadores en las fiestas.[4]

En la confección de los cuestionarios y para tener un mayor dominio de lo bantú y determinar en qué medida lo típico de su cultura se manifestó aquí, me he servido de materiales de consulta y asesoramiento con la literatura especializada, tanto en libros como en revistas. Labor que me permitió conocer los propósitos del cabildo, los integrantes, su religión y devociones. Las comidas y bebidas utilizadas, la forma de vestir, cantos, bailes e instrumentos musicales. Las relaciones con otros cabildos, los velorios y, finalmente, cómo dejó de existir la sociedad y sus incidencias en la cultura popular tradicional del municipio Nueva Paz.

---

[4] Los verdaderos autores de este trabajo son sus testimoniantes. Principalmente, Bienvenido Pedroso, El Jaco, de 83 años. Pablo Padilla Vigil, 72 años. Jesús Martínez Zayas, 71 años. Rogelio Tarafa Morejón, 71 años. Moisés Brindis Gómez, 68 años. Y Ángel Tarafa Morejón, de 63. Tocadores, cantantes y bailadores del cabildo. Sus respectivas edades corresponden al momento de la investigación, la década del ochenta del pasado siglo, posteriormente todos fallecieron.
Los datos por ellos brindados fueron contrastados con una buena parte de la población del pueblo de Nueva Paz, de más de sesenta años. Principalmente, con quienes eran conocidos por sus asistencias a este tipo de actividades, rituales y festivas.
La presente investigación no hubiera sido posible, sin la colaboración de Jorge Jorge González, investigador de la cultura popular tradicional de la entonces Provincia La Habana, quien cedió más de una entrevista y algunos de los cantos. Y las ayudas del Dr. Benito Martínez-Martínez, en esos años director de la Casa de la Cultura "Pedro Ponce de León" del municipio de Nueva Paz. Y del pintor German Molina Martínez, promotor cultural en la "Pedro Ponce de León".

# Religión

La religión practicada era la de los pueblos que hablan las lenguas bantúes, la llamada Regla Bruja o Palo Monte. Su basamento, la cazuela o caldero, el *quindumbo, o quindembo*, donde tenían la acción de un muerto. Esta cazuela, conocida como *nganga*, era conjurada y dominada con magia por el brujo o *tata nganga* para realizar sus labores.

El santo, deidad u orisha, estaba en la cazuela de barro con huesos de un antepasado, con piedras, palos y compuestos. Al cual le daban una imagen, una representación, que se hacía con alguno de los santos de la religión católica.

En el caso de nuestro cabildo su santo era la Virgen de Regla, o Yemayá, que significaba una manifestación del orisha adorado en el cuarto de fundamento, el *munanzo bela*. El santo adorado les servía de intermediario entre ellos y Dios.

Era un culto animista y utilizaba los amuletos para obtener los fines propuestos o deseados. Creían firmemente que, sirviéndose de compuestos, yerbas, animales, y sobre todo de la prenda, podían alcanzar lo querido.

Como forma propiciatoria y de devoción utilizaban cantos de brujería, para llamar a las fuerzas sobrenaturales: la prenda no se veía, los congos eran muy reservados. Dentro del cuarto de fundamento hacían sus ceremonias rituales, antes de comenzar con los bailes.

# DEVOCIÓN

Los pobladores de Nueva Paz, —que en la década de los años ochenta del pasado siglo tenían más de sesenta años—, sobre todo los descendientes de africanos, recuerdan que el altar de la virgen se encontraba a la altura de dos metros, situado en la pared del cuarto de fundamento que daba hacia el salón, donde bailaban. La virgen era negra, de madera, vestida de azul y blanco, siempre tenía flores de esos mismos colores, candelabros con velas, frutas, maíz y maní. Al pie de ella, en el suelo, había una tinaja con agua, de la que se tomaba.

Al entrar al local se saludaba a la santa, diciéndole: "Que alembe endundo, embara ya". El saludo no era en la lengua de los congos, bantú, lo hacían en yoruba. Al parecer cruzado, y demostrándonos que el proceso de transculturación no fue sólo entre la cultura africana y la española, sino entre las africanas. Y ello se pone de manifiesto, también, al llamar a la virgen Yemayá, voz yoruba.

El 7 de septiembre, día de la Virgen de Regla, daban la fiesta más importante que empezaba veinticuatro horas antes, el 6 a las 12 m. Primero hacían ceremonias en el cuarto de fundamento, a él entraban los congos por la puerta derecha. Allí dentro hablaban en bantú, —puede que haya sido—, cumplimentando ritos secretos. Hasta que el abanderado, con un letrero sobre la cabeza y portando una gran bandera azul, salía por la puerta izquierda haciendo reverencias y saludos con la enseña, detrás de él los demás congos. A partir de aquel momento los tambores comenzaban a tocar, el improvisador y el coro a cantar y rompía el baile. El abanderado continuaba haciendo zalamerías y salía a la calle, donde repetía las ceremonias. Afuera, en sendas astas, ondeaban la bandera cubana y la del cabildo.

El 6 por la noche la virgen era llevada a la iglesia de Nuestra Señora de la Paz, para que durmiera en el templo católico. Allí el sacerdote le daba una misa, pagada por los congos. Durante todo este tiempo la fiesta proseguía en el local de la Sociedad, donde había quedado la *mbumba* o prenda, en el *munanzo bela,* su casa. En definitiva, la virgen no era más que la imagen, el imán.

El 7, temprano en la mañana, traían a la virgen y la llevaban al cuarto de fundamento, donde las mujeres congas la desnudaban y lavaban con berro, acción que no podía ser vista por los hombres. Algunos de los entrevistados, en su niñez, fisgoneando por los agujeros, se convirtieron en testigos del baño de la santa.[7] Después del aseo a Yemayá la sacaban en procesión por tres o cuatro calles contiguas, cargada en parihuela sobre los hombros de congos y criollos. La santa vestía una ropa nueva, casi siempre de guinga azul y blanca, e iba adornada con cintas y flores de los mismos colores.

Por el medio día en el *munanzo bela,* a manera de ofrenda, se le daba un gallo, un pato, o una paloma, que no fuera oscura. Había alguien en el cabildo con la responsabilidad de sacrificar al animal —el *yambele* o *vacofunla,* el cuchillo—, que según los informantes debió de haber sido uno de estos tres, Ta Oliva, Ta Pánfilo, o Ta Cachimba.

A quien le ofrendaban en realidad era al fundamento que estaba dentro del cuarto, la virgen continuaba en su lugar. Después sacaban al animal, ya muerto y casi desangrado. Frente a la virgen, en el altar, ponían un plato lleno de sangre.

---

[7] Jesús Martínez Zayas, de 71 años al momento de los trabajos de campo. Nos dijo que él y otros muchachos pudieron ver el baño de la Yemayá. También Rogelio Tarafa Morejón, de igual edad y esposo de Guillermina Wong, poseedora de la virgen, fue testigo de la ceremonia.

Por la tarde invitaban a los criollos y a sus hijos a comer un quimbombó espeso, con carne y bolitas de fufú, del cual brindaban a la virgen. Otros le ofrecían frutas, maíz y ajonjolí. Las carnes podían ser las ya mencionadas, pato, paloma o gallo, nunca de gallinas u otro animal.

En Semana Santa tapaban a la virgen el jueves a las 10 de la mañana, hasta el sábado a la misma hora. En esos días el local del cabildo se mantenía abierto, desde el amanecer hasta por la noche, pero no se celebraban fiestas.

Los congos tenían conatos con los jimaguas, o *ibeyi*. Y, en mayor medida, con el niño nacido después de aquellos, a quien consideraban mucho más fuerte que los jimaguas y lo llamaban *ilden*.

# Comidas y bebidas

Los integrantes del cabildo las carnes que comían eran pocas y en días de fiestas, sobre todo en el cumpleaños de Yemayá, su patrona. El resto del año algún tasajo o bacalao y si acaso un puerquito alimentado con mucho trabajo, pero estos animales eran para el sustento, no para sacrificarlo a la virgen.

Consumían mucha vianda, malanga, boniato, calabaza, y yuca, asadas o sancochadas y condimentadas con ají guaguao. Gustaban de tostar el maní, el maíz y el ajonjolí y tenían gran estima por las frutas.

Se alimentaban también con verduras, sobre todo con quimbombó. Lo hacían siempre muy espeso y le echaban *kindumbo*, que era un fufú de maní, plátano pintón, ajonjolí y ají guaguao, en forma de bolitas, con sus ingredientes tostados y pasados por el pilón y el mortero. De dicha comida sí se le ofrecía a la Yemayá, Virgen de Regla, confeccionándosela en los días solemnes y de la cual brindaban a todos los asistentes al local de la sociedad, sobre todo a los niños, a quienes les encantaba.

Los congos llegaban con jícaras llenas del alimento y lo iban sirviendo en pilitas, sobre hojas de plátano, a manera de platos. No se podía comer con los cubiertos, tenía que ser con las manos, como lo hacían en África.

Consumían algún vino, pero sobre todo aguardiente, al que llamaban en su lengua *malafo mamputo*. Lo tomaban cuando iban a divertirse, brindándolo en güiritas cimarronas, a manera de copas, tanto a congos como criollos.

En el ritual de palo monte, su religión, servían *chamba*.[8] Esta bebida se preparaba con aguardiente o alcohol, agua, ají picante, jengibre, palo guaco, vencedor, vence guerra, cáscara de cedro, bastante ajo y un poco de pólvora. Echaban todos los ingredientes en un recipiente de cristal y lo tapaban, guardándolo durante un tiempo para añejarlo, mientras más se demoraban en tomarla mejor calidad tenía.

---

[8] Ángel Tarafa Morejón, de 63 años, Jesús Martínez Zayas, de 71 y Moisés Brindis Gómez de 68 -con dichas edades al momento de las entrevistas-, aprendieron a preparar la chamba con los congos de nación.

# VESTIDOS

La ropa que utilizaban para vestir a la reina, era mejor que la usada por las demás mujeres, sobre todo en las fechas de fiestas, en el día de la virgen y en su cumpleaños. El cabildo aportaba dinero para que ella tuviera ropas presentables en las festividades, casi siempre de color azul y blanco, sobre todo de guinga.

El modelo más usado en su atuendo era un vestido de saya alta, ancha (de los llamados can-can) y con muchos vuelos, las mangas de la blusas acampanadas y amplias. En los pies alpargatas blancas muy limpias, bordadas con hilos azules y en la cabeza un gran pañuelo de igual color.

Las otras mujeres se ponían vestidos de molde parecido, pero sin el fausto de los de la reina. Las conguitas andaban mucho con delantales y sayas anchas, de distintos colores, en la mayoría de los casos con las diferentes tonalidades del azul. Y sobre la cabeza, grandes pañuelos del color preferido por el respectivo ángel de la guarda. Detrás de la oreja, o en el pelo, una flor blanca, siendo la más usada el jazmín.

Los hombres usaban pantalones de caqui o de mezclilla. Las camisas de Irlanda, mezclilla o caqui y en los pies alpargatas, o los llamados zapatos de baqueta. Los pañuelos, siempre del color de su ángel de la guarda, lo usaban en el cuello o en la cabeza y encima un sombrerito de guano.

Para las fiestas se ataviaban con anchas y grandes corbatas, además de cruzarse el pecho con bandas de telas. Tanto en los días normales como en los festivos portaban bastones, pero los que llevaban a los bailes los repujaban y adornaban. Hombres y mujeres se ponían collares con los colores característicos de su orisha, del santo que los protegía.

# Relaciones con otros cabildos

En los pueblos de la provincia de Matanzas, Jovellanos, Sabanilla del Encomendador o Juan Gualberto Gómez, Pedro Betancourt, Unión de Reyes y, sobre todo, en Alacranes y su ingenio Las Cañas, vivían gran número de negros congos y en la mayoría de esas localidades existían cabildos.[9]

Como se conoce, Nueva Paz es el municipio de la entonces provincia La Habana más cercano a la región matancera, uniéndolos como vía de comunicación el ferrocarril. Cuando la *Sociedad Africana Virgen de Regla* tenía fiesta, los congos de Matanzas venían a participar, de igual manera cuando aquellos daban las suyas los de aquí los reciprocaban con la visita.[10]

---

[9] El dato lo refieren varios de los testimoniantes, aunque no pueden recordar los nombres de dichos cabildos.

[10] Ramiro López de 80 años, José Gallo de 83 y Margarita López de 76 (los tres fallecidos) recordaban las llegadas y regresos de los congos de Matanzas al pueblo de Los Palos, localidad del municipio de Nueva Paz, donde se encuentra la estación del ferrocarril.

# CANTOS Y BAILES

Entre los cantos practicados se encontraban los de brujería y devoción, también tenían los de improvisación o puyas, con un solista inspirador del canto y un coro contestándole: los vasallos. El canto del gallo podía variar en el tono, la letra, o la melodía, o en todo a la vez. No así el de los vasallos, que era siempre el mismo.[11]

La orquesta conga estaba compuesta por tres tambores de duelas rectas, pero en forma cónica e inversa, el cuero lo clavaban. El mayor de los tambores, la caja, ocupaba el centro de los otros dos, se tocaba sentado como una tumbadora y por su golpe el bailador seguía el ritmo. El que tocaba la caja llevaba amarrada a la muñeca, con unos cordelitos o con una badana de cuero, unas güiritas cimarronas pintadas de azul. En el interior tenían peonías o municiones, ellas hacían la función de maracas y las llamaban *ikembis*.

El tambor de mediano tamaño, la mula, lo situaban a la izquierda de la caja, amarrándoselo el tocador a la cintura con una soga y lo ladeaba, sin sentarse. Detrás de él, otro individuo y con dos palitos a manera de baqueta, iba percutiendo sobre las duelas de madera del tambor, a lo que llamaban tocar la guagua. El más pequeño de los tambores, el cachimbo, quedaba ubicado a la derecha de la caja, lo tocaban también de pie y amarrado a la cintura del percusionista.

Sentado detrás de la orquesta otro hombre apretaba entre las piernas un tamborcito, con un agujero en el centro del cuero, por

---

[11] Los seis principales informantes de este trabajo -todos con más de 63 años en aquel entonces-, descendientes de congos, tocadores, cantantes y bailadores, afirman lo apuntado.

donde pasaba un cáñamo sujeto al parche. El tocador, con las manos mojadas de cierto líquido, friccionaba el cáñamo produciendo un sonido parecido al del bajo. Este instrumento era el *kinfuiti* y sólo lo empleaban en las ceremonias de alto contenido ritual, o en el toque de makuta, entonces sí a la vista de todos. En Nueva Paz tocaba el *kinfuiti* Ta Cachimba, uno de los principales de la Sociedad, los demás congos no estaban autorizados a hacerlo.

La *Sociedad Africana Virgen de Regla* semanalmente celebraba una fiesta, de sábado para domingo, desde las diez u once de la mañana del sábado hasta cerca de las seis de la tarde. Después hacían un receso y continuaban a eso de las ocho de la noche, hasta las tres o las cuatro de la madrugada del domingo.

Los días festivos botaban agua para la calle, al comenzar y cuando terminaban. Durante la fiesta se divertían con la makuta, la yuca, el palo, el garabato y el maní, que eran sus bailes principales.

# La makuta

La música estaba a cargo del conjunto instrumental ya descrito, con el toque de la guagua y el sonido del *kinfuiti*, sólo escuchado en esta danza. Parece que, antaño, únicamente podía ejecutarse dicho instrumento en el cuarto sagrado de los congos, la makuta era un baile de fundamento religioso.

En la sociedad, antes de empezar a bailar la makuta en el salón, hacían ritos y cantaban en bantú en el *munanzo bela*, después salían y bailaban delante de todos los asistentes. Con el tiempo fueron permitiéndoles a los criollos bailarla, para lo cual hacían una especie de rueda de mujeres y hombres. Tenía cantos propios, sin puyas y aunque desarrollaban giros bruscos, la bailaban con cierta serenidad.

"Había a quien le daba la Virgen de Regla, porque era original y fundamento de la conguería. Cuando este santo montaba, reía a carcajadas y sus vueltas eran largas, muy vivas, a veces hacía como si estuviera nadando. Las mujeres con mucho remeneo y amplias vueltas, muy rápidas. Ahora, cuando el santo montaba a alguien, se cambiaba el toque de makuta y le tocaban a la virgen, para bailarle a Yemayá. Entonces, el que era montado lo llevaban para el cuarto de fundamento, le ponían un pañuelo azul en la cabeza, o una bata acampanada con los colores de la santa, azul y blanco, o una camisa azul si era un hombre y después lo sacaban al salón, al público".[12]

La danza guardaba relación con la fecundidad sexual del orisha, con sus atributos y características. En las fiestas de fin de semana era lo que más se bailaba.

---

[12] Palabras de Rogelio Tarafa Morejón, ya conocido por sus anteriores aportes.

# La Yuca

La bailaban los 20 de mayo, día de la proclamación de la independencia de Cuba de España. Y los 24 de febrero, fecha en que se conmemora el inicio de las guerras por la independencia. O cuando cumplía años la reina u otro de los principales, o de más edad, en el cabildo.

Era una danza festiva, de diversión, con un manifiesto carácter erótico. Para ejecutarla hacían un círculo de mujeres y hombres, por parejas, y según su deseo saltaban al espacio dejado al centro del círculo. Danzaba sin tocarse, ambos marcaban la música con movimientos lascivos, en una constante persecución del hombre a la mujer, imitando al gallo cuando va a cubrir a la gallina.

El bailador se movía dando pasos muy similares a los de la rumba, en la apariencia de botar algo con los pies mientras trataba de tocar a la compañera, o de hacer un gesto en el momento que ella tuviera la pelvis hacia delante, como si la estuviera poseyendo. A esto le llamaban "el vacunao", de conseguirlo él vencía y sus compañeros lo consideraban mejor danzante que ella.

La mujer iba marcando los pasos con movimientos cadenciosos, mientras con una de sus manos agarraba el ancho vestido, acechando un descuido del hombre para taparlo con la amplia saya. Si lo lograba ganaba y él tenía que abandonar el baile, soportando las burlas de los demás.

El conjunto instrumental era la orquesta ya descrita, el tambor yuca estaba muy penetrado del toque de palo, aunque más refinado. Los cantantes, el gallo o improvisador y el coro de vasallos, interpretaban cantos al lado de los tambores. A veces otro gallo pedía permiso para cantar y al concedérselo se producían famosas controversias, o puyas, entre los improvisadores.

# El Palo

Este baile se lo dedicaban a un santo u orisha, en la fecha de conmemoración de él, en su día. Aquí lo ejecutaban el 24 de septiembre, en homenaje a Obatalá, la Virgen de las Mercedes. El 29 de junio celebrando a Oggun, San Pedro y el 4 de diciembre festejando a Shangó, o Hebioso Anana en arará, la Santa Bárbara.

En los años de existencia del cabildo este baile era de mucho prestigio y de gran contenido ritual. A los participantes iniciados en la religión se le subía el santo, entonces uno de los congos, de los más anciano, determinaba si era cierto o no que estaba subido. En caso afirmativo lo sacaban del baile y lo vestían con los atributos de la deidad, su orisha, a quien le brindaban ofrendas. La orquesta ejecutante de la música, la ya conocida, y el toque con un ritmo, sin muchas variaciones, más o menos siempre el mismo.

El danzante bailaba sacando el pecho hacia adelante y haciendo gestos bruscos, mientras iba dando pasos trillados y deslizando acompasadamente las piernas. No era necesario para el canto un solista o gallo, cualquiera que supiera podía hacerlo.

El baile lo iniciaban con una reverencia al santo escogido y continuaban saludando a todos los presentes en la celebración, acto seguido los cantos de creencias y lamentos. Después, la llamada al santo para que bajara y cuando ocurría, al montar los danzantes, entonaban los cantos para hacer caminar la prenda, donde casi siempre se oía la palabra *mayombe*, que era quien quitaba lo malo, quien limpiaba. Para terminar, cantos jactanciosos, con sentido burlesco.

En la actualidad en el municipio de Nueva Paz bailan el palo, pero no en forma pura, sino mezclado con otros bailes y en algunas celebraciones de la Regla Sagrada de Ocha. A los que la mayoría de la población les da el nombre de bembés, o toques de santos. Estos bailadores han llevado a la rumba cantos de palo monte para que no se pierdan en el olvido.

# El Garabato

Era un baile de fundamento religioso, lo danzaban en el salón del cabildo, en la conmemoración del cumpleaños de la reina o de los más antiguos integrantes. Le daban el nombre de garabato porque los participantes llevaban en una de las manos una rama de guayabo, terminado en forma de gancho por el extremo y al que llamaban *lungowa* o garabato. Mientras bailaban estrechaban la rama de guayabo, pintada de azul, de blanco, o de rojo, algunos con los tres colores. El entrechocamiento de los garabatos, según sus creencias, les traían beneficios y era una forma de saludar uno al otro, con respeto.

En este ritual los hombres no usaban camisas y los pantalones con una de la patas más larga que la otra y cubriéndoles la cabeza un pañuelo con el color de su deidad, u orisha, las mujeres vestían sayas anchas y de variados colores, a las que calificaban como "guarabeadas". Comenzaban a danzar saludando tres veces, decían, *lumbe, lumbe, lumbe,* y otras palabras en lenguas africanas. A continuación, chocaban los garabatos mientras pedían lo deseado en su lengua, como una forma de obtener lo que querían: el cumplimiento del trabajo de palo monte.

# El Maní

Lo practicaban en el local de la Sociedad sólo cuando venían invitados de los cabildos matanceros. Los bailadores formaban una rueda, en el centro se situaba uno de los participantes, danzaban al ritmo del toque y del canto. En ocasiones el del centro le amagaba sin darle, a cualquiera de los integrantes del círculo, y le lanzaba el golpe en falso a otro que, si no estaba protegido con sus brazos, perdía. El sorprendido, por no encontrase en guardia al hacerle la pantomima de atacarlo, tenía que salir del círculo. Y así seguía el baile, hasta que todos iban perdiendo o cansándose.

El conjunto instrumental —la orquesta conga de siempre—, era quien tocaba, pero sin el *kinfuiti*. En sus inicios este baile lo practicaban con golpes de verdad, al parecer por los problemas ocasionados (accidentes, heridos y muertos), fue cambiando. Y en Nueva Paz lo conocieron como una especie de baile juguetón.

# VELORIOS

Los efectuaban en el local del cabildo y mientras velaban los muertos los lloraban y les cantaban, con melodías quejumbrosas y lastimeras, alargando las voces. Tocaban la makuta pero no en los tambores, sino sobre la caja del difunto con los manos, sin baquetas, y no la bailaban. Cuando uno de los congos moría lo otros decían: "Ya calavera fue infuire".[13]

A los negros criollos, miembros de la sociedad, o a los que sin serlo acostumbraban a participar en sus fiestas y rituales, porque eran practicantes del palo monte, le hacían los mismos honores.

Por las calles, camino del cementerio, iban cantando. En el momento del entierro ejecutaban rituales especiales para la ocasión y entonaban cantos luctuosos, varios de lamentos.

---

[13] La frase es recordada por uno de los entrevistados, Bienvenido Pedroso, El Jaco. Y avalada por los demás testimoniantes.

# Desaparición e influencias del Cabildo en la cultura local de Nueva Paz

Esta organización fue dejando de existir, poco a poco, en la medida que las actividades fueron perdiendo asiduos y la sociedad cohesión. La muerte paulatina de los congos tuvo un peso fundamental, ya no había ninguno vivo en 1929, y sin el cuidado de aquellos africanos de nación le fue fácil al ciclón de ese año acabar de arrancar las rojas tejas de canal, las paredes y el piso de madera machihembrada, que le quedaban al local de la asociación.

Al producirse la aniquilación del cabildo, los negros criollos que la integraban y otros, que sin pertenecer tocaban y bailaban en las fiestas y eran conocedores de la Regla Palo Monte, se agruparon alrededor de la virgen de los congos, como un medio de no perder sus creencias y hábitos.

La santa, considerada propiedad de todos los que de una forma u otra habían estado relacionados con la asociación, quedó en casa de Águeda Morejón, al cuidado de ella. Funciones que van convirtiendo a Águeda en una especie de madrina del grupo, que solía realizar toques de tambor en el terreno donde estuvo situado el local de los congos y a ellos traían a la virgen. Años más tarde Guillermina Wong, también integrante del cabildo, se muda para el reparto Lutre, en el Cotorro, Ciudad de La Habana, y se llevó consigo a la Yemayá.

Antes que los congos fueran muriendo, y en mayor medida después, la Regla Palo Monte en Nueva Paz continuó mezclándose. O mejor, prosiguió transculturándose, tanto con la santería o Regla Ocha de los yorubas, como con el espiritismo y la religión católica de los blancos. Forjando un amasijo o ajiaco y es así como la mantienen, casi una docena de madrinas o padrinos: los santeros. Los que, en las casas, en la fecha del santo, u orisha de devoción —día de Santa Bárbara, o de San Lázaro, etcétera—, dan fiestas y bailan en su honor. El proceso de sincretismo y de transculturación fue mayor después que el cabildo dejó de existir y la herencia religiosa pasó a las madrinas o padrinos

La mayoría de nuestros informantes, bailadores, tocadores y cantantes del cabildo, afirman que hay incidencia de la yuca en la manera de bailar la rumba actual, ejemplificándolo con la presencia del "vacunao". Asegurando que algunos de los cantos utilizados hoy día, en los toques de rumba local se emplearon en los bailes de palo monte y fueron llevados a la rumba por sus antiguos intérpretes, con el objetivo de que al proseguirlos cantando no pasaran al olvido y se perdieran.

Las fiestas de devoción del cabildo eran un acontecimiento cultural a las que asistían masivamente los pobladores de Nueva Paz y los de los pueblos aledaños, no tanto como participantes, sino como espectadores.

La *Asociación Africana Virgen de Regla,* o Cabildo Congo de Nueva Paz, era la fachada pública para que los congos, y sus descendientes, pudieran mantener viva la religión y las costumbres. Ayudándose mutuamente a enfrentar, de manera ladina y de soslayo, una sociedad clasista que los discriminaba.

El Cabildo Congo de Nueva Paz fue una de las primeras organizaciones sociales de este cubano pueblo de la actual provincia de Mayabeque —desde cerca del año 1890 y hasta finales de la década de 1920—, y ninguna como ella influyó en la cultura local y en los posteriores orígenes de otras sociedades, negras o blancas, tanto religiosas como culturales, del municipio de Nueva Paz.

# Cantos del Cabildo

1.- Cantos de Makuta

**( I )**
Solista: Lu Wawé, lu wawé
lu wawé, vuelta al congo nkangulé [14]
Coro: Lu wawé, lu wawé
lu wawé, vuelta al congo nkangulé
Solista: Lu wawé, vuelta al congo nkangulé
Coro: Lu wawé, vuelta al congo nkangulé
Solista: Lu wawé, vuelta al congo nkangulé

**(II)**
Solista: Endumba ke tumbulé
dale masunga a la silá mosé
Endumba ke tumbulé
dale masunga [15] a la silá [16] mosé

---

[14] Según Fernando Ortiz, en la página 315 de su libro Africanía de la música folclórica de Cuba, Edición Universitaria, 1965, nkangulé significa "el trabajo brujo".

[15] Basándonos en los planteamientos del Maestro Ortiz, masangu es la cosa, el lugar donde está el hechizo. Y masango llaman los congos al maíz, destacándose la relación de este cereal con los amuletos y hechizos. De ahí la masonga o *masunga* de este canto, que al parecer fue una degeneración de las palabras bantús ya explicadas. Para esta nota nos auxiliamos del libro Los bailes y el teatro de los negros en el folklore de Cuba, de la autoría del citado sabio cubano. Y Luis E. Ramírez Cabrera, en su Diccionario básico de religiones de origen africano en Cuba, nos dice, que "masongo" es una voz que se emplea en la regla de palo monte y corresponde a: "Hechizo cargado con gran fuerza mágica. // Maíz". Y "masongu" la considera de igual origen, apuntando que es: "Lugar o casa donde está situado o se dirigió el hechizo".

[16] Refiere Don Fernando que la palabra bantú la silá nombra a los cuatro caminos. La encrucijada, equivalente a los cuatro vientos, los cuatro puntos cardinales y por

Coro: Endumba ke tumbulé
dale masunga a la silá mosé
Endumba ke tumbulé
dale masunga a la silá mosé
Solista: Endumba ke tumbulé
dale wasenga a la silá mosé
Endumba ke tumbu
dale masonga a la silá mosé
Coro: Endumba ke tumbulé
dale masonga a la silá mosé.

## (III )

Solista: Ay viento, e viento
corre a paso viento
esta arriba viento
Coro: E viento, e viento
corre a paso viento
esta arriba viento
Solista: E viento, e viento
corre arriba viento
corre a paso viento
Coro: E viento, e viento
paso a paso viento
corre a paso viento.

## (IV)

Solista: E sangué [17] Yayé
ta la Ma Joaquina

---

extensión a todo el espacio del mundo. Para los ritos afrocubanos las encrucijadas tenían, y tienen, una gran importancia.

[17] Ramírez Cabrera, en la página 311 del citado diccionario, apunta: "sangué. (P) Nombre que entre los practicantes de regla de palo monte recibe la piedra de imán* a la que atribuyen diferentes propiedades".

Sangué Yayé
ta la Ma Joaquina
Sangué Yayé
ta la Ma Joaquina
    Coro: Sangué Yayé
    Solista: Ta la Ma Joaquina
    Coro: Sangué Yayé
    Solista: Ta la Ma Joaquina
    Coro: Sangué Yayé
    Solista: Ta la Ma Joaquina
    Coro: Sangué Yayé
    Solista: Ta la Ma Joaquina
    Coro: Sangué Yayé
    Solista: Ta la Ma Joaquina
    Coro: Sangué Yayé.

**(V)**
    Solista: E sin dinero
yo tengo mi cajero
E sin dinero
yo tengo mi cajero
    Coro: A sin dinero
yo tengo mi cajero
    Solista: E sin dinero
yo tengo mi cajero
    Coro: A sin dinero
yo tengo mi cajero
    Solista: E sin dinero
yo tengo mi cajero
    Coro; A sin dinero
yo tengo mi cajero.

**(VI)**
Ya lulá, ya lulá bemba
ya lulá, ya lulá bemba
bomba a lule ké
yaa lulé. Ya lulé bemba
bemba a lule ké
(se repite)

**(VII)**
Congo ya la
a ya congo ya la
a la wuari, wuare,
congo ya la,
a la wuari wuare,
congo ya la.
(se repite)

**(VIII)**
Lloro, tin tin lloro
ay, lloro, tin tin lloro
guayaba.
Lloro, tin tin lloro
guayaba lloro.
Ay lloro.
Ay, tin tin
Ay, tin tin
Ay, lloro, guayaba. [18]

2.- Cantos de Yuka

---

[18] Estos dos últimos cantos de makuta son de velorios.

**(I)**

Solista: En La Habana se juega dominó
dominó ee, e dominó.
En La Habana se juega
Coro: Dominó ee, e dominó
Solista: En La Habana se juega
Coro: Dominó ese, e dominó.

**(II)**

Solista: Rompe siguaraya, nigüe [19], nigüe
Coro: Rompe siguaraya
Solista: Nigüe, nigüe
Coro: Rompe siguaraya
Solista: Nigüe, nigüe

**(III)**

Solista: Monona [20], ábreme la puerta
agua ta mojá, milo moyá.
Coro: Monona, ábreme la puerta
agua ta mojá, milo moyá.
Solista: Monona, ábreme la puerta
agua ta mojá, miló moyá
Coro: Monona, ábreme la puerta
agua ta mojá, miló moyá.

**(IV)**

Solista: E sabá Caravallo

---

[19] La palabra "nigüe", considera Ramírez Cabera, que es de origen yoruba y significa la sabana, la manigua.
[20] Monona parece ser una adulteración de la palabra "moana", que en la regla palo monte significa mujer.

dé simá.
Sabá Caravallo
dé simá.
   Coro: Sabá Caravallo
dé simá.
   Solista: E sabá Caravallo
dé simá.
   Coro: Sabá Caravallo.
   Solista: E Sabá Caravallo
dé simá.
   Coro: Sabá Caravallo
dé sima.
   **(V)**
   Solista: E Panchito Quiró
ya rompé paré.
   Coro: Danda indá, danda indá e.
   Solista: Panchito Quiró
ya rompé paré.
   Coro: Danda indá, danda indá e.
   Solista: E Panchito Quiró
ya rompé paré.
   Coro: Danda indá, danda indá e.
   Solista: E Panchito Quiró.
   Coro: E Panchito Quiró
Panchito Quiró

# Fuentes Consultadas:

ARGUELLES MEDEROS, ANÍBAL e ILEANA HODGE LIMONTA: *Los llamados cultos sincréticos y el espiritismo en Cuba*. Editorial Academia, La Habana, 1987.

BARCIA ZEQUEIRA, MARÍA DEL CARMEN; ANDRÉS RODRIGUEZ REYES y MILAGROS NIEBLA DELGADO: *Del cabildo de "nación" a la casa de santo*. Fundación Fernando Ortiz, La Habana, 2012.

BARNET, MIGUEL: *Cultos afrocubanos: La regla de ocha; la regla de palo monte*. Ediciones Unión, La Habana, 1995.

BARREAL ISAAC: "Tendencias sincréticas de los cultos populares en Cuba". *Revista del Instituto de Etnología*, No. 1, 1996.

BOLÍVAR ARÓSTEGUI, NATALIA; CARMEN GONZÁLEZ DÍAZ DE VILLEGAS y NATALIA DEL RÍO BOLIVAR: *Ta makuende de yaya y las reglas de palo monte. Mayombe, Brillumba, Kimbisa y Shamalongo*. Colección fe, Editorial José Martí, La Habana, 2013,

CABRERA, LYDIA: *El monte. Igbo Finda*. Ediciones C R, Colección del Chicherekú, La Habana, 1954.

CARBONELL WALTERIO: *Como surgió la cultura nacional*. Colección Escribanía, Ediciones Bachiller, Biblioteca Nacional José Martí, Ciudad de La Habana, 2005.

CHAO CARBONERO, GRACIELA y Lameran, Sara: *Folklore Cubano I. II. III. IV*. Ed. Pueblo y Educación, La Habana, 1982.

DESCHAMPS CHAPEAUX, PEDRO: *El negro en la economía habanera del siglo XIX*. Ed. UNEAC, La Habana, 1971.

FERNÁNDEZ ROBAINA, TOMÁS: *Hablen paleros y santeros*. Editorial de Ciencias Sociales, colección Echu-Bi, La Habana, 1994.

FRANCO, JOSÉ LUCIANO: *La diáspora africana en el Nuevo Mundo*. Ed. Ciencias Sociales, La Habana, 1975.

GONZÁLEZ-DÍAZ, JUAN FRANCISCO: *El Cabildo Congo de Nueva Paz*. Colección Senderos, Editorial Unicornio, San Antonio de los Baños, La Habana, 2002.

GUANCHE, JESÚS: *Procesos etnoculturales de Cuba*. Editorial Letras Cubanas, Ciudad de La Habana, 1983.

_______________: *Transculturación y africanía*, Ediciones Extramuros, La Habana, 2002.

IBARRA CUESTA, JORGE: *Patria, etnia y nación*. Editorial de Ciencias Sociales, La Habana, 2007.

JUTTA, PAUL: "La santería como resultado del proceso de transculturación en Cuba". *Revista de la Biblioteca Nacional José Martí*, No. 3, septiembre-diciembre 1981.

LE RIVEREND, JULIO: *Órbita de Fernando Ortiz*. Colección Órbita, UNEAC, 1973.

LEÓN, ARGELIER: *El patrimonio folklórico musical cubano*. La Habana, 1952.

_______________________: "Música popular de origen africano", ponencia presentada en el Coloquio sobre las contribuciones culturales en América Latina y el Caribe, UNESCO, La Habana, 1968.

_______________________: "Ensayo sobre la influencia africana en la música cubana", separata de la revista *Pro-Arte Musical*, La Habana, 1959.

_______________________: *Tras las huellas de las civilizaciones negras en América*. Fundación Fernando Ortiz, La Habana, 2001.

LÓPEZ VÁLDES, RAFAEL: "El lenguaje de los signos Ifá y sus antecedentes transculturales en Cuba". *Revista de la Biblioteca Nacional José Martí*, No. 2, mayo-agosto 1978.

MARTÍNEZ FURÉ, ROGELIO: *Diálogos imaginarios*. Ed. Arte y Literatura, La Habana, 1979.

MOLINER CASTAÑEDA, ISRAEL: *Los cabildos afrocubanos en Matanzas*. Ediciones Matanzas, Matanzas, 2002.

_______________________________: "Matanzas: los bailes". Revista *Revolución y Cultura* No. 50, octubre 1976.

ORTIZ, FERNANDO: *La africanía de la música folklórica de Cuba*. Ed. Universitaria, La Habana, 1965.

______________________: *Los bailes y el teatro de los negros en el folklore de Cuba*. Ed. Letras Cubanas, Habana, 1981.

PÉREZ, NANCY: *El Cabildo Carabalí Isuama*. Ed. Oriente, Santiago de Cuba, 1992.

RAMÍREZ CABRERA, LUIS E.: *Diccionario básico de religiones de origen africano en Cuba*. Editorial Oriente, Santiago de Cuba, 2014.

# DE AUTOR

Juan Francisco González-Díaz. Antropólogo y psicoanalista cubano. Profesor de español y literatura. Promotor cultural, comisario y curador de exposiciones. Escribe poesía, narrativa, e investigaciones históricas literarias, con varios libros publicados en Cuba, España y E.U.A. Presidió el Festival Atlántico de Poesía Las Palmas de Gran Canaria "De Canarias al Mundo" y el Centro Canario de Estudios Caribeños -El Atlántico-. Coordinador del Sello Editorial Cuadernos "La Gueldera", y el Taller de Poesía "Espejo de Paciencia", de Las Palmas de Gran Canaria. Fue profesor en la Universidad Agraria de La Habana y ha impartido cursos de grado y postgrados de literatura, antropología y psicoanálisis, en varios centros universitarios de Cuba y España. Es editor asociado de la Editorial Primigenios, Miami, Fl. y reside en Las Palmas de Gran Canaria.

# ÍNDICE

# LISTADO DE TÍTULOS Y PRECIOS DE EDITORIAL PRIMIGENIOS

1. *1932, Dios, revolución y libertad*. Poesía. Carlos Salina Granda (Perú). $5.99
2. *1968 y el cine, Memorias del 3er Encuentro de la crítica cinematográfica*. Compilación de Pedro R. Noa. $9.99
3. *A la sombra del mediodía*. Poesía. Luis de la Cruz Pérez Rodríguez. $7.99
4. *A quién pregunto por mí*. Poesía. Andrea García Molina. $12.99
5. *A veces, cuando el silencio*. Poesía. José Antonio Martínez Coronel. $9.99
6. *Abrazo a un búcaro sin flores*. Poesía. David Montero Figueredo. $6.99
7. *Actos en la tierra*. Poesía. Eduardo René Casanova Ealo. $5.99
8. *Adiós Rembrandt y otros relatos*. Colección de cuentos. Manuel Antonio Morales Felipe. $7.99
9. *Adoptando a Mini*. Novela ilustrada. Marié Rojas Tamayo. $7.99
10. *Agradecido entonces como un perro*. Poesía. Guillermo Hernández Montero. $5.99
11. *Al borde de las piedras*. Poesía. Yans González García. $5.99
12. *Al diablo el que me lo pida*. Narrativa. Nuris Quintero Cuellar. $5.80
13. *Al otro lado del mundo*. Poesía. Eduardo René Casanova Ealo.$5.99
14. *Al sur de los páramos*. Poesía. Miladis Hernández Acosta. $5.99
15. *Alas verdes*. Poesía. Lucy Barroso Hernández. $9.99
16. *Alguien está en las cenizas*. Novela. Marilú Rodríguez Castañeda. $9.99
17. *Alta Definición, antología de cuentos inspirados en los medios de comunicación audiovisual*. Barbarella D´Acevedo. $9.99

18. *Amalgama*. Poesía. Ileana Hernández Goicochea. $12.99

19. *A-Mar*. Novela. Marlene E. García. $5.99
20. *Amores difíciles*. Periodismo. Leonardo Depestre Cantony. $7.99

21. *Anita Mur*. Novela. Frank David Frías Rondón. $9.99
22. *Ante la misma puerta*. Poesía. Gilda Guimeras. $4.99
23. *Antes de amancebarme con la enana zíngara contorsionista*. Narrativa. Alberto Garrandés. $9.99
24. *Antología Memorable: poemas para no olvidar*. Poesía. Selección de Juan Carlos García Guridi. $7.99
25. *Antología Voces dispersas: Once mujeres poetas*. Poesía. Miladis Hernández Acosta e Ivonne Sánchez-Barrea. $7.99
26. *Aquellos ojos verdes*. Narrativa. José Luis Riverón Rodríguez. $7.99

27. *Arcos fracturados*. Narrativa. Manuel Roblejo Proenza. $5.99
28. *Autos de duda*. Poesía. Niurbis Soler Gómez. $5.99
29. *Bajo la rueca*. Narrativa. Luis de la Cruz Pérez Rodríguez. $5.99
30. *Bajo las órdenes del silencio*. Cuentos. Alejandro Martínez Sánchez. $7.99
31. *Balada de tus ojos*. Poesía. Ray Nelson Pons Días. $5.99
32. *Bestias del paraíso*. Poesía. Roberto Frank Valdés. $5.99
33. *Bitácora de un paria*. Poesía. Yerandy Pérez Aguilar. $12.99
34. *Blasfemia del escriba*. Cuentos. Alberto Guerra Naranjo. $11.99

35. *Breves estudios en torno a la soledad*. Poesía ilustrada. Esther Suárez Durán. $7.99
36. *Cabalgar la zoo-política: Aproximaciones a una posible revolución indoamericana pospandemia*. Ensayo. Carlos Salinas Granda. $5.99
37. *Cacería*. Narrativa. José Hugo Fernández. $7.99
38. *Cancionero español: (Álbum de covers) Volumen 1*. Narrativa. Alejandro Langape. $9.99
39. *Canto a mi cabeza loca (Dinámica del cuerpo)*. Poesía. Claudette Betancourt Cruz. $5.99

40. *Cartas a Leandro*. Narrativa. Ramón Díaz-Marzo. $9.99

41. *Casco de Dios*. Poesía ilustrada. Marié Rojas Tamayo. $9.99
42. *Cenizas al viento*. Cuentos. Teresa Medina Rodríguez. $9.99
43. *Círculos de agua: nacidos después de los 80*. Antología de cuentos. Dulce M. Sotolongo. $9.99
44. *Columpios de la suerte*. Poesía. Minerva Pérez Corcho. $5.99
45. *Como arrullo de tórtolas*. Poesía cristiana. José Luis Riverón Rodríguez.$7.99
46. *Como el río del tiempo: una mirada a la obra de Leonel Cobo a través del verso rimado*. Poesía y obras plásticas. José Luis Riverón Rodríguez. $15.00
47. *Como en un sueño, la vida*. Poesía. José Antonio Martínez Coronel. $5.99
48. *Como salir de un país*. Poesía. Ricardo López. $5.99
49. *Como una mancha de peces*. Narrativa infantil. Miguel Ángel González Pérez. $5.99
50. *Con ojos de piedra y agua*. Poesía. Ana Margarita Valdés Castillo. $5.99
51. *Con un par de alas tremendas: Sonetos de vuelo popular*. Poesía. Juan Carlos García Guridi. $5.50
52. *Concierto para Denysse*. Poesía. Luis Mariano (Lewis) Estrada Segura. $5.99
53. *Confesiones de mujer*. Poesía. Yasmín Sierra Montes. $5.99
54. *Conjuro de diamante*. Poesía. Juan Carlos Mirabal. $13.99
55. *Conjuro de diamantes*. Poesía. Juan Carlos Mirabal. $ 13.99 y $9.00
56. *Conspiración en La Habana*. Novel. Eduardo N. Cordoví Hernández. $19.99
57. *Corrimiento al rojo*. Poesía. Benito Martínez Martínez. $7.99
58. *Cosa más grande la vida!* Humor. José Luis Riverón Rodríguez. $7.99
59. *Cosas de un niño grande*. Infantil. Hebert Poll Gutiérrez. $5.99
60. *Cosas que vienen del cielo*. Narrativa. Yolanda Felicita Rodríguez Toledo. $10.00

61. *Criaturas.* Cuentos. Alex Schweg. $7.99

62. *Crónica de una matanza impune, Persecución y asesinato de emigrantes canarios en Cuba.* Ensayo. José Antonio Quintana García. $7.99

63. *Cruce de caminos.* Poesía. Antonio Santana Pérez. $7.99

64. *Cuando aparecen los elefantes.* Libro infantil ilustrado. Norge Sánchez. $9.99

65. *Cuando el dolor se convierte en palabra.* Poesía. Elizabeth Álvarez Hernández. $5.99

66. *Cuando me besan tus ojos.* Poesía. Félix Alexis Guerra Menéndez. $5.80

67. *Cuba en la calle.* Fotografías de la Cuba actual. Felipe Rouco Llompart. $24.99

68. *Cuba la revolución usurpada.* Ensayo. Oscar G. Otazo. $15.99

69. *Cuba y los fotógrafos viajeros: Desde 1841 a la actualidad.* Ensayo bibliográfico. Ramón Cabrales y Rufino del Valle Valdés. $12.99

70. Cuba: crónicas de a pie. Crónicas. Jesús Arencibia Lorenzo. $9.99

71. *Cuba... qué linda es Cuba.* Narrativa.  Hebert Poll Gutiérrez.$7.99

72. *Cucumí no aparece en el internet.* Novela negra. F. P. Ray. $9.99

73. *Cuentos del abuelo.* Ilustrado. Fernando Baracaldo Alba. $7.99

74. *Cuentos e historias para la (des) memoria.* Narrativa. Oscar Montoto Mayor. $9.99

75. *Cuentos feroces.* Cuentos. Alina Moreno. $9.99

76. *Cuentos para crecer juntos.* Ilustrado. Marié Rojas Tamayo. $7.99

77. *Cuentos para soñar* (ilustrados). Narrativa. Sarah Graziella Respall Rojas. $19.99

78. *Cuentos, baladas y otras sospechas.* Cuentos. Luis Felipe Ruano. $23.00

79. *Cuervos sobre el trigal.* Cuentos para adultos. Yasmín Sierra Montes. $7.99

80. *Cúmulos nimbos.* Poesía. Isbel G. $5.99

81. *Curvas sobre la superficie del objeto*. Poesía. Anisley Miraz Lladosa.$5.99

82. *De picha, y señor mío*. Narrativa. José Luis Riverón Rodríguez. $7.90

83. *De poesía y poetas*. Ensayo. Armando Landa Vázquez. $9.99

84. *Décima para mi princesa*. Poesía. Katia Pérez Padrón. $5.99

85. *Defensa siciliana 115 partidas magistrales*. Ajedrez. Félix Raúl Pérez Hernández. $12.99

86. *Desde mi ventana*. Poesía y relatos. Irene Castillo. $7.99

87. *Desnuda ante tus ojos*. Narrativa. Jenny Díaz Valdés. $5.99

88. *Después de la Caída*. Poesía. Miladis Hernández Acosta. $9.99

89. *Dientes de perro*. Crónicas. Manuel Pereira. 19.99

90. *Diez cuentos que estremecieron a Cuba*. Narrativa. Carlos Esquivel. $9.99

91. *Dodo danza sobre un dado*. Poesía. Sergio Trincado Torres. $14.99

92. *Donde anida el colibrí*. Narrativa. Zuleica Ruíz Peix. $6.00

93. *Donde el espejo no llega*. Poesía. José Antonio Martínez Coronel. $5.80

94. *Donde termina la mirada*. Poesía. Norge Sánchez. $12.03

95. *Dos libros de Guerra (escrito a cuatro manos)*. Poesía. Félix Guerra Pulido y Félix Alexis Guerra Menéndez. $9.99

96. *Duendes del domingo*. Libro infantil ilustrado. Daimy Díaz Laborda. $10.99

97. *Dulce café*. Poesía. Rafael Vilches Proenza. $5.99

98. *E. A. Vol. 1 Breve antología del taller de literatura fantástica y de ciencia ficción "Espacio Abierto"*. Daniel Burguet y Abel Guelmes Roblejo. $9.99

99. *Ejercitar el criterio*. Crítica de narrativa. Waldo González López. $12.99

100. *El agua rota de los sueños*. Poesía. Alejandro Rejón Huchin. $5.99

101. *El ángel en la sombra*. Poesía. Raudel Sosa Pérez. $5.99

102. *El árbol de mi alma*. Poesía. Vivián Suárez García. $5.99

103. *El cacique Turquino*. Cuentos ilustrado. Norge Sánchez. $9.99

104. *El cagüeiro negro*. Narrativa. Eduardo Báez. $14.99

105. *El camino*. Literatura cristiana. Jesús Cardoso López. $7.99

106. *El carcaj pleno de colores*. Ensayo sobre la obra del pintor Domingo Ramos Enríquez. Ana Julia Gutiérrez Ulloa. $5.99

107. *El cocinero, el sommelier, el ladrón y su (s) amante (s)*. Ensayo. Frank Padrón. $45.99

108. *El desventurado domingo de Dominga*. Libro ilustrado para niños. Noel Silva González. $12.99

109. *El dolor de ser vivo*. Poesía. Ronel González Sánchez. $7.99

110. *El eco del silencio*. Poesía. Teresa Medina Rodríguez. $9.99

111. *El fuego del ángel*. Poesía juvenil. Miladis Hernández Acosta. $5.99

112. *El fúnebre cantar del cisne blanco*. Poesía. Guillermina Consuelo Samsaricq González. $5.99

113. *El girasol*. Novela de ciencia ficción. Jonathan Sánchez. $7.99

114. *El heno a cuestas: crónica de un duet(l)o en torno a la comunidad*. Ensayo. José Luis González-Almeida. $13.99

115. *El idilio de los iguales*. Narrativa. Alberto González. $7.99

116. *El imperio del silencio: A través del lenguaje de las tumbas, un recorrido por el Cementerio Cristóbal Colón de La Habana*. Ensayo novelado. Mario Darias Mérida. $39.99

117. *El juego de la memoria. Poesía en décima*. Poesía. Alberto Edel Morales Fuentes. $13.99 (Tapa dura) y $7.99 (Tapa blanda)

118. *El legado de los Rep*. Ciencia Ficción. José R. Barbón Hernández. $7.99

119. *El legado de los Rep*. Novela ciencia ficción. José Ramón Barbón Hernández. $7.99

120. *El libro del caos*. Poesía. Francisco (Paco my friend) Guzmán Rivero. $7.99

121. *El maravilloso mundo de las libélulas*. Colección Eureka, ciencia y técnica. Jose M. Ramos Hernández. $7.99

122. *El maravilloso viaje de Kiko y ratón*. Narrativa. Manuel Roblejo

Proenza. $5.99

123. *El marmolito mágico.* Juvenil. Gabriela Sánchez. $9.99
124. *El martillo de plata.* Juvenil. Lesbia de la Fé. $7.99
125. *El momento de las iniciaciones.* Poesía. Osmari Reyes García. $5.99
126. *El monasterio interior.* Poesía. José Antonio Martínez Coronel. $9.99

127. *El nacimiento de la conciencia histórica. Conferencias en la Universidad del aire dictadas por Maria Zambrana.* Daniel Céspedes Góngora. $5.99
128. *El onceno mandamiento.* Narrativa. Marié Rojas Tamayo. $10.99

129. *El personaje y su leyenda.* Historia. Leonardo Depestre Catony. $7.99
130. *El polvo rojo de la memoria.* Novela. Eduardo René Casanova Ealo. $5.99
131. *El puente y otros relatos.* Narrativa. Eduardo René Casanova Ealo. $5.99

132. *El que a buen humor se arrima, buen buena lo acobija.* Caricaturas. Ernesto Rodríguez Castro (Beli). $10.99
133. *El reino perdido de la Zapatucia.* Infantil. José Luis Riverón Rodríguez. $5.99
134. *El rosario del hombre de ceniza.* Poesía. Álex Padrón. $5.99
135. *El secreto de la luna.* Juvenil. Griselda Leonor Rodríguez Pimentel. $7.99
136. *El señor de las patas largas.* Narrativa infantil ilustrada. Nuris Quintero Cuellar. $14.99

137. *El silencio de los culpables.* Narrativa. Anisley Miraz Lladosa. $9.99
138. *El silencio que dicen.* Poesía. Abel German. $5.99
139. *El tiempo de la esperanza y otros cuentos.* Gisela Lovio Fernández. $11.99
140. *El tridente, décimas antológicas cubanas.* Poesía. Carlos Esquivel, J. L. Serrano y Ronel González. $15.99

141. *El triunfo de Eros*. Narrativa. Barbarella D´Acevedo. $9.99

142. *El último sol*. Poesía. Miroslaba Pérez Dopazo. $5.99
143. *El velo de la certeza*. Poesía. José Antonio Martínez Coronel. $5.99

144. *Embestidas de la piel*. Poesía. Odalys Leyva Rosabal. $5.99
145. *Emigrados de fondo*. Poesía. Fernando Lobaina Quiala. $4.99
146. *En el límite*. Narrativa. Maritza Vega Ortiz. $10.00
147. *En esta claridad está mi casa*. Poesía. Beatriz del Rosario Torrente Garcés. $6.99
148. *En este barrio no hay vampiros*. Novela. Luis Pacheco Granado. $7.99
149. *En la gruta del tiempo*. Narrativa. Felicia Hernández Lorenzo. $8.99
150. *En La Habana de ahora mismo, dos historias de Boston Franco*. Cuentos. Dagoberto José Valdés Rodríguez. $7.99
151. *En un raro lugar y otras historias*. Cuentos. Jeiddy Martínez Armas. $7.99
152. *Encrucijadas y naufragios*. Cuentos. José Valdés Rodríguez. $7.99
153. *Enigmas de la otra*. Poesía. Nuris Quintero Cuellar. $5.80
154. *Entre piropos, dichos y refranes*. Décima. Noelio Ramos Rodríguez. $6.99

155. *Eros*. Poesía. Armando Landa Vázquez. $5.99
156. *Es la hora de los hornos*. Poesía. Norge Sánchez. $5.99
157. *Escaras*. Poesía. José Alberto Nápoles. $5.99
158. *Escritos de un plumazo*. Narrativa. José Alberto Collazo. $7.50
159. *Estaba la pájara pinta*. Ensayo. José Antonio Martínez Coronel. $36.99
160. *Fábula del presunto cuerdo*. Narrativa. Edilberto Montecé. $7.99
161. *Fauna cavernícola*. Ensayo. José M. Ramos Hernández. $7.99
162. *Feria de máscaras*. Poesía. Yamilka González Pérez. $5.99
163. *Fiesta de rimas*. Poesía ilustrada para niños. Eliane Acosta Moreira. $11.99

164. *Filosofía política de la guerra*. Ensayo. Carlos Salinas Granda. $10.99

165. *Fragmentaciones de la luz*. Poesía. Luis Mariano Estrada (Lewis). $7.99

166. *Fragmentaciones del silencio*. Poesía. Ana Ivis Cáceres de la Cruz. $5.99

167. *Frederich Cepeda, la voluntad como primicia*. Ensayo. José Ramón Crespo Jiménez. $40.00 y $12.99

168. *Fruto Rojo*. Poesía. Ana Herminia Rodríguez. $5.99

169. *Gabriela en el espejo*. Cuentos ilustrados para niños. Norge Sánchez. $9.99

170. *Gabriela*. Infantil. Norge Sánchez. $5.99

171. *Gentes*. Cuentos. Roberto Peláez Romero. $7.99

172. *Germán pinta guaraparanganas*. Artes plásticas. Germán Molina. $11.99

173. *Gestos brutales*. Cuentos. José Alberto Velázquez

174. *Guijarros*. Poesía. Norge Sánchez. $4.99

175. *Habana cool*. Crónicas. José Hugo Fernández. $9.99

176. *Historia de amor*. Libro infantil ilustrado. Norge Sánchez. $9.99

177. *Historias en la almohada*. Poesía. Armando López Carralero.$8.65

178. *Hombre que escribe en banco sin parque*. Poesía. Ulises Hernández Expósito. $5.90

179. *Hombreriego*. Narrativa. Raúl Hernández Pérez. $5.99

180. *Hombres de rutina*. Narrativa. Marlon Duménigo. $5.99

181. *Huellas de una nación*. Fotografía. Yovanis González Elizalde. $5.99

182. *Insectos para principiantes*. Divulgación científica. José M. Ramos Hernández. $7.99

183. *Instantes en la memoria*. Poesía. Agustín Ramón Serrano. $5.99

184. *Jardín mecánico*. Poesía. Luis Alonso Cruz Álvarez. $7.99

185. *Jato*. Juvenil. Belkis Reyes Soto. $13.99

186. *Juan Pirindingo y otros cuentos*. Libro infantil ilustrado. Delsa

López Lorenzo. $12.00

187. *Katabasis.* Cuentos. David Martínez Balsa. $ 7.99

188. *Kiko Pemba, espíritu del monte.* Poesía y fotografía. José Mederos Sigler. $15.99

189. *La acrobacia del minotauro.* Poesía. Jesús Machado Espinosa. $7.99

190. *La casa mía.* Infantil ilustrado. Alessandro Masoni. $9.99

191. *La catedral del Tiempo.* Narrativa. José Antonio Martínez Coronel. $10.50

192. *La corte de los lobos.* Narrativa. José Luis Riverón Rodríguez. $9.99

193. *La cosa roja.* Narrativa. Luis Felipe Ruano. $9.99

194. *La culpa no fue de Dios.* Narrativa. Andrea García Molina. $5.99

195. *La Estancia, apuntes y recuerdos de Albert Gagnon-Beyle.* Narrativa. Jesús Alberto Díaz Hernández. $9.99

196. *La fiesta de la reina ortografía.* Narrativa infantil. Ronel González Sánchez. $7.99

197. *La frágil memoria de la semana.* Poesía. Elizabeth Álvarez Hernández. $5.38

198. *La furia de los vientos.* Testimonio. Pedro Armando Junco. $12.99

199. *La Gallina golondrina.* Infantil ilustrado. Norge Sánchez. $9.99

200. *La gruta del lobo.* Narrativa. de Hamlet Gómez. $12.99

201. *La Habana convida. Antología poética por el 500 aniversario de la ciudad.* Eduardo René Casanova Ealo y 79 poetas. Edición de lujo. $70.00

202. *La Habana convida. Antología poética por el 500 aniversario de la ciudad.* Eduardo René Casanova Ealo y 79 poetas. Edición estándar. $15.99

203. *La Hechicera.* Narrativa. Yasmín Sierra Montes. $9.99

204. *La herencia de los buenos muertos, compilación de obras presentadas al Concurso Internacional de cuentos.* Compilación. Eduardo René Casanova Ealo. $19.00

205. *La isla de las hormigas rojas*. Poesía. Luis Mariano Estrada (Lewis). $5.99

206. *La isla del espanto y otros cuentos*. Narrativa. de Gisela Lovio. $12.99

207. *La isla preterida*. Poesía. Miladis Hernández Acosta. $23.60

208. *La Larga*. Narrativa. Ángel Osiris Milián. $15.99

209. *La luna frente al espejo*. Poesía. Luis Mariano Estrada (Lewis). $7.99

210. *La música del árbol*. Poesía. Adalberto Hechavarría Alonso. $6.99

211. *La oscura escalera*. Novela. Ramón Díaz-Marzo. $6.99

212. *La patria es una naranja*. Poesía. Félix Luis Viera.$8.99

213. *La peña de Horeb*. Poesía. José Antonio Martínez Coronel. $6.99

214. *La plaga en el valle del Belanús*. Novela. Manuel Quintero Pérez. $9.99

215. *La sangre del marabú*. Narrativa. Argenis Osorio Sánchez. $7.99

216. *La sombra de Sísifo*. Poesía. José Antonio Martínez Coronel. $5.99

217. *La sombra que pasa*. Poesía. Miladis Hernández Acosta. $7.99

218. *La veda del dinosaurio*. Narrativa. Edgar Estaco Jardón. $5.99

219. *La venganza del contrario*. Narrativa. Odalys Leyva Rosabal. $7.99

220. *La vida húmeda*. Cuentos. Carlos Alberto Casanova. $7.99

221. *La violencia para vivir, la muerte es el alivio*. Ensayo. Dr. Octavio Gárciga Ortega. $15.99

222. *La virgen sumergida o cómo mataron a Charo*. Narrativa. José Luis Riverón Rodríguez. Edición a todo color. $30.00

223. *La virgen sumergida o cómo mataron a Charo*. Narrativa. José Luis Riverón Rodríguez. Edición estándar. $9.99

224. *Las arenas del tiempo*. Poesía. José Antonio Martínez Coronel. $5.80

225. *Las colinas de Potomac, antología mínima*. Poesía. Eduardo René Casanova Ealo. $15.99

226. *Las dunas de la espera*. Poesía. José Antonio Martínez Coronel. $5.58
227. *Las hadas calzan botas*. Poesía infantil ilustrada. Clara Lecuona Varela.$12.99

228. *Las Hijas de Sade*. Narrativa. Guillermo Vidal y Maria Liliana Celorrio. $9.99
229. *Las náufragas porfías*. Ensayo sobre la obra de Dulce María Loynaz de Miladis Hernández Acosta. $7.99
230. *Las rosas que mañana (un museo para Dulce María)*. Poesía. Mariana Enriqueta Pérez Pérez. $7.99
231. *Las sendas escabrosas*. Poesía. Yasmín Sierra Montes. $5.50
232. *Las tablillas de Diógenes*. Poesía. Eduardo René Casanova Ealo. $7.26
233. *Laurel y orégano, la hora en que no muere nadie*. Narrativa. Marié Rojas Tamayo. $19.99

234. *Laverna*. Poesía. J. W. Riter. $5.99
235. *Lengua de sapo, relatos hiperbreves*. Narrativa. Edgar Estaco. $9.99
236. *Levitas del siglo XXI*. Ensayo. José Luis Riverón Rodríguez. $7.99
237. *Libro de los prójimos*. Poesía. Miladis Hernández Acosta. $7.99
238. *Libro negro del desencantado*. Poesía. Eduardo René Casanova Ealo. $12.99

239. *Los años del principio*. Novela. José Gutiérrez Cabanas. $15.99
240. *Los blancos territorios, antología creciente*. Poesía. Miladis Hernández Acosta. $17.99

241. *Los caminos del agua*. Poesía. Armando López Carralero. $5.99
242. *Los cerezos de tu vientre*. Novela. Yasmín Sierra Montes. $15.99
243. *Los Césares perdidos*. Poesía. Odalys Leyva Rosabal. $6.99
244. *Los cuentos más tontos del mundo*. Narrativa. Ronel González Sánchez. $9.99

245. *Los días nuestros*. Poesía. Mayda Milián Ortiz. $6.99
246. *Los enanos de corazones*. Cuentos. Aymee Corominas. $5.99

247. *Los hilos de Ariadna*. Narrativa. José Antonio Martínez Coronel. $15.50

248. *Los imponderables reinos*. Poesía. Miladis Hernández Acosta. $5.99

249. *Los independientes de color*. Poesía. Armando Landa Vázquez. $9.99

250. *Los mapas del tiempo*. Poesía. Álex Padrón. $10.00

251. *Los maravillosos viajes de Globito*. Infantil ilustrado. Clara Lecuona Varela. $12.99

252. *Los misterios de la torre: El muerto del pozo*. Novela. Mario Luis López Isla. $9.99

253. *Los números*. Ilustrado para niños. Narely Plasencia Rodríguez. $9.99

254. *Los ojos tras la ventana*. Cuentos. Roberto J. González. $7.99

255. *Los peces no lloran*. Poesía. Julián Dimitri Tamayo Carbonell. $7.99

256. *Los remedios de Remedios*. Crónicas. Roberto Santiago González. $19.99

257. *Los sutiles vástagos*: poemas dispersos. Poesía. Milho Montenegro. $5.80

258. *Luna de aire*. Poesía infantil ilustrada. Yolanda Felicita Rodríguez Toledo.$9.99

259. *Lunaciones, antología personal*. Poesía. Rafael Vilches Proenza. $7.99

260. *Lunes primero*. Narrativa. Pablo Virgili Benítez. $5.99

261. *Luz de apocalipsis*. Poesía. Armando López Carralero. $7.99

262. *Luz de mágica sombra*. Poesía. Yasmín Sierra Montes. $5.90

263. *Luz y polvo en el granero*. Poesía. Reinol Cruz Díaz. $5.99

264. *Madre de cal*. Narrativa. Yasmani Rodríguez Alfaro. $ 7.99

265. *Malas palabras*. Poesía de Norge Sánchez. $7.99

266. *Manet y el paraíso de las pesadillas*. Novela. Titania Dreamer. $9.99

267. *Maravilloso zoológico*. Ilustrado para niños. Pilar Doris Gálvez

Martínez. $12.99

268. *Más solo que la Luna*. Narrativa. José Alberto Collazo Oramas. $5.99

269. *Máscaras*. Poesía. Lázaro Alfonso Díaz. $5.99
270. *Mata*. Novela. Raúl Aguilar. $6.99
271. *Me declaro inocente*. Cuentos. Pedro Pablo Morejón López. $7.99

272. *Memorias de un kamikaze*. Poesía. Jorge Yassel Valdés Reyes. $6.99
273. *Memorias del abismo*. Poesía. Miladis Hernández Acosta. $5.99
274. *Miami, mi rincón querido. Antología ilustrada de cuento y poesía*. Eduardo René Casanova Ealo. $32.99

275. *Mirar, sufrir, gozar...La Habana*. Novela colectiva. Coordinador del proyecto: Lázaro Díaz Cala y Yoss. $11.99
276. *Misa de ratones: nueve monólogos teatrales*. Teatro. Edgar Estaco Jardón.$7.99
277. *Mitos y realidades*. Novela testimonio. José Ramón Crespo Jiménez. $7.99
278. *Modelando el verso*. Poesía. Salomón Leroux. $7.99

279. *Momentos*. Poesía. Bárbara Olivera Más. $5.99
280. *Morir en el fin del mundo*. Narrativa. Amador Hernández Hernández. $12.99
281. *Mujeres con testículos*.  Narrativa. José Alberto Collazo Oramas. $9.99
282. *Mundo invisible. Poesía para todas las edades*. Ronel González Sánchez. $15.99
283. *Mundos paralelos y otros cuentos*. Narrativa. Gisela Lovio. $9.99

284. *Muros y otras historias del fin del mundo*. Narrativa. Clara Lecuona Varela. $5.99
285. *Músicos ambulantes*. Cuentos. Barbarella D´Acevedo. $9.99
286. *Nadar entre dos aguas*. Narrativa. José Alberto Collazo Oramas. $9.50
287. *Navegación Impasible*. Poesía. Eduardo René Casanova Ealo. $7.99

288. *Nietzsche, el mecenas: Yo no soy un hombre, soy dinamita*. Ensayo. Ángel Velázquez Callejas. $9.99

289. *No despierten a las mariposas*. Narrativa infantil. Teresa Medina Rodríguez. $7.99

290. *NoSéDónde y el País de las cosas perdidas*. Literatura para jóvenes. José Luis Riverón Rodríguez. $20.00

291. *Noventa minutos: Poemas y narraciones sobre fútbol*. Carlos Esquivel. $7.99

292. *Nuevos cortos del Pichi*. Narrativa. Rolando González Gil. $7.99

293. *Orgullo de isla*. Cuentos. Fernando Lobaina Quiala. $7.99

294. *Orgy o fear, Orgía del miedo*. Poesía bilingüe. Ismael Sambra. $7.99

295. *Otro invierno sin fósforos*. Poesía. Edgar Estaco Jardón. $5.99

296. *Pa´Cuba ni muerto*. Testimonio. Norge Sánchez. $9.00

297. *Pagar para ver*. Novela. Frank Correa. $12.99

298. *Páginas finales de la náusea*. Teatro. Miguel Terry Valdespino. $8.99

299. *País sin moscas y otros poemas*. Poesía Edición tapa dura. Félix Anesio. $19.99

300. *País sin moscas y otros poemas*. Poesía. Félix Anesio. $10.99

301. *Pan con mantequilla*. Cuentos. Ramón Díaz-Marzo. $8.99

302. *Paulette*. Cuentos. Osvaldo S. Reina Rodríguez. $9.99

303. *Pequeño diario de la Gran Zafra*. Testimonio. Carlos Julio Larramendi Rodes. $10.99

304. *Pero no me toques*. Narrativa. Bertha María Gómez Sedano. $5.99

305. *Perversas mujeres contra el muro. Colección erótica de cuentos*. Odalys Leyva Rosabal. $19.99

306. *Pesadilla, tragedia y fantasmas de neón*. Cuentos de ciencia ficción. Álex Padrón. $7.99

307. *Pesquería lunar*. Poesía infantil ilustrada. Jorge Morales Morales.$5.50

308. *Philosophia Naturalis Principia Poética Matemática*. Poesía. Armando Landa Vázquez. $7.50

309. *Piano Afinado*. Poesía. Norge Sánchez. $7.99

310. *Piedra para Obatalá*. Ensayo. Yoel Enríquez Rodríguez. $7.99

311. *Piedras a los varones*. Cuentos. Taimi Dieguez Mallo. $7.99

312. *Piezas para reparar un trino*. Teatro. René Fuentes. $9.99

313. *Pilares extendidos: diez maneras de conocer a José Martí*. Ensayo. Daniel Céspedes Góngora. $8.00

314. *Poemas breves para niños traviesos*. Poesía. Ángel Larramendi Mecías. $5.99

315. *Poetas cubanos en canarias*. *Antología*. Juan Calero Rodríguez. $9.99

316. *Por culpa del amor*. Novela. Teresa Medina Rodríguez. $15.99

317. *Por el camino verde:* Apreciación en décimas a la obra de José Suárez Verde. Ensayo. José Luis Riverón Rodríguez. $18.99

318. *Porque la lluvia no cesa*. Poesía. Yolanda Felicita Rodríguez Toledo. $5.99

319. *Porque los muros ya tienen moho*. Poesía. Yakelín Cárdenas García. $7.99

320. *Primigenios, el cuerpo lírico de una nación*. Semanario compilado por Eduardo René Casanova Ealo. $7.99

321. *Profecía maldita*. Novela. Rafael Martínez Castellanos. $7.99

322. *Puertas, boleros y cenizas*. Poesía. Yuray Tolentino Hevia. $6.99

323. *Pura coincidencia*. Cuentos. José Luis Pérez Delgado. $7.99

324. *Quirubín, el de Changa*. Novela. Noelio Ramos Rodríguez. $7.99

325. *Rabota*. Narrativa. Armando Landa Vázquez. $7.00

326. *Rani y la charca misteriosa*. Novela juvenil. Ana Rosa Díaz Naranjo. $9.99

327. *Recapitulación*. Poesía. Dorge Rodríguez Hernández. $7.99

328. *Retablos*. Poesía. Pedro Evelio Linares.$12.99

329. *Retazos*. Poesía. Ana Ivis Cáceres de la Cruz. $7.99

330. *Revisitación al Monte Fuji*. Poesía. Armando Landa Vázquez. $10.99
331. *Revolicuento.com* Cuentos. Rafael Grillo. $9.99
332. *Revoloteos*. Infantil ilustrado. María Ondina Niebla. $14.99
333. *Rostros de Hollywood en La Habana*. Crónicas. Leonardo Depestre Catony. $9.99
334. *Rostros*. Cuentos. Lisbeth Lima Hechavarría. $7.99
335. *Russian Brindis*. Teatro. Juan José Jordán. $5.99
336. *Salmos por Denisse*. Poesía. Yolanda Felicita Rodríguez Toledo. $3.99
337. *Salsiquieres city*. Narrativa. Teresa Medina Rodríguez. $5.99
338. *Saltarina y el majá rastrero*. Infantil ilustrado. Delsa López Lorenzo.$13.99
339. *Santa Fe y otros relatos teatrales*. Teatro. Edgar Estaco Jardón. $10.00
340. *Secuelas del caos*. Poesía. Ana Ivis Cáceres de la Cruz. $9.99
341. *Sexualidad femenina, el paraíso del placer*. Dr. Octavio Gárciga Ortega PhD. $12.99
342. *Siéntate y mira: Crítica, comentarios y ensayos sobre cine*. Crítica cinematográfica. Daniel Céspedes Góngora. $10.99
343. *Silencios de un especial periodo*. Poesía. Juan Francisco González-Díaz. $5.99
344. *Simplemente José Antonio*. Cuentos. Julio Alberto Medel. $9.99
345. *Sin oxígeno, sin Cristo*. Cuentos. Rogelio Riverón. $9.99
346. *Solo en medio del mundo*. Poesía. Norge Sánchez. $5.99
347. *Subdesarrollo Pérez, ¡Qué envolvencia!, El arte de la simulación*. Arístides Pumariega y Rebeca Ulloa. $12.99
348. *Temblor de hoja rota*. Poesía. Armando López Carralero. $7.99
349. *Thanatos y Eros*. Poesía. Álex Padrón. $7.99
350. *The Watchers*. Novela (en inglés). Asley L. Mármol. $15.99
351. *Tiempo*. Poesía de Bernardo Javier Castro Reyes. $7.99
352. *Todas las madrugadas*. Narrativa. Manuel Roblejo Proenza. $5.99

353. *Todos vivimos en Oz.* Cuentos. Edición de lujo. Marié Rojas Tamayo. $40.00.

354. *Todos vivimos en Oz.* Cuentos. Edición estándar. Marié Rojas Tamayo. $12.99

355. *Torres de marfil.* Narrativa. Yonnier Torres Rodríguez. $7.99

356. *Trampas de amor.* Poesía para niños. Carlos Ettiel. $14.99

357. *Tras el telón de celuloide: Acercamiento al cine cubano.* Crítica cinematográfica. Antonio Enrique González Rojas. $7.00

358. *Traumas.* Cuentos. Osmel Iglesia. $7.99

359. *Travesía al desnudo.* Poesía. Wendy Calderón Veloso. $5.99

360. *Tus luces sobre mí.* Narrativa. Maritza Vega Ortiz. $7.99

361. *Un grafiti en los ladrillos.* Poesía. Hansrruel Aldana Cabrera. $5.99

362. *Un pueblo con suerte.* Ilustrado para niños. Andrés Cobo García. $9.99

363. *Un rey sin corona.* Novela. Frank Correa. $7.99

364. *Un tren delirante.* Novela. Alina Moreno. $9.99

365. *Un triste cepillo de dientes.* Narrativa. Norge Sánchez. $7.99

366. *Una ciudad sin lágrimas.* Miriam Peña Leyva. $5.99

367. *Una cosa es con guitarra.* Poesía. José Luis Rodríguez Alba. $5.99

368. *Una mujer es...* Poesía. Juan Francisco González-Díaz. $5.50

369. *Uno por aquí y yo, en la pandilla del barrio.* Novela. Noelio Ramos Rodríguez. $7.99

370. *Username: Henry.* Ciencia ficción. Frank Hidalgo-Gato. $15.99

371. *Username: Henry.* Novela de ciencia ficción. Frank Hidalgo-Gato. $15.99

372. *Uvas para llevar a la boca.* Poesía. Lucy Maestre. $7.99

373. *Valbanera: Naufragio, misterio y leyenda.* Ensayo. Mario Luis López Isla. $12.99

374. *Vértigos.* Poesía. José Poveda Cruz. $5.99

375. *Vienen... vienen los americanos.* Cuentos. Rebeca Ulloa. $7.99

376. *Viento de cenizas.* Poesía. Miladis Hernández Acosta. $8.99

377. *Xarahlai La Gitana*. Narrativa. Xiomara Maura Rodríguez Ávila. $9.99
378. *Y a todo a media luz*. Narrativa. Teresa Medina Rodríguez. $6.99
379. *Ya comienza el otoño*. Haikus. Lázaro Alfonso Díaz Cala y Aida Elizabeth Montanarro Torres. $5.99
380. *Yo también soy ellas*. Poesía. Yuray Tolentino Hevia. $5.99
381.

EDITORIAL PRIMIGENIOS
CORPUS LÍRICO DE UNA NACIÓN